生誕160年新装版

清沢満之先生のことば

－生誕百年記念出版－

大河内 了悟
佐々木 蓮麿 共編

永田文昌堂

まえがき

清沢満之先生の御生誕百年を記念し慶讃して、こゝに佐々木蓮麿兄と二人で、『清沢満之先生のことば』を、出版することにいたしました。

私共は先生の肉声には、残念ながら接することは出来ませんでしたが、その実語が沢山残っていまして、私共の求道、聞法の上に、格別なお導きをいたゞいてまいりました。

ことに先生のお言葉は、何かこの世に困ったことや悲しむべきことに出遇ったとき、その根本解決が与えていたゞける稀有の真言であります。

先生には、暁烏、佐々木、多田の三先生を始め有名な沢山のお弟子方がありまして、私共はその方々からも、先生のみ教をどれだけ承ることが出来たか知れません。

まことに稀有、最勝な先生であり、真宗に於ける近代の親鸞聖人とも申上げたい先生のことでありますから、各方面より、先生の御生誕百年記念の出版や行事が行われることと思います。

私共は、ほんのさゝやかですが、先生の沢山のお遺訓の中から有名な而かも平易なものを、選びまして、それに、私共が、少しく先生に関する拙文をのせました。

余り大部なものにせず、どなたにも、気安く、平素、読んでいたゞけるものをと心がけました。

道を求められる方で、先生をご存じない人はなかろうかと思いますが、もし、いかに聞法しても、どうしても、如来の妙用に気付きがたい方は、是非先生のものを、繰替えし、お読みいたゞくことをおすすめします。

先生のおことばは、非常に沢山残っていますし、また先生の行実は、色々の書物に書かれています。その主なものを申せば、暁鳥、西村両師の編になる八巻の「清沢満之先生全集」は、先生のおことばを知るに、最も完備したものであります。

それから、先生の思想、信念、行実を知るには、西村見暁師著の「清沢満之先生」や吉田久一氏著の「清沢満之」それから数学研究所から出ている「清沢満之」等は、大変良い書物であります。

この「清沢満之先生のことば」はそれらの中から僅かではありますが、選びました。

昭和三十八年二月一日

大河内了悟 識す

目次

凡　例

一、先生の信念が最も明解に述べられていると思われる言葉を選んだ。

一、「我信念」「絶対他力の大道」並びに「他力の救済」は全文を収めたが、他の文章は多少割愛した分がある。

一、法味寸言は、先生の遺文中から、その珠玉ともいうべき聖句を選んで収録したものである。

一、言行録は、全集の追憶篇から抜萃したものであるが、中には全集に載っていない話もあるが、根拠のないものは収めてない。

（蓮麿　記）

清沢先生小伝

佐々木蓮麿

先生は文久三年の六月二十六日、名古屋に生まれ、幼にして医に志し英語数学を学ばれたが、十四才のときすでに外人の英語演説の通訳をして世人を驚かすほどの頭脳を持っておられた。十六才のとき真宗僧侶となり、十九才の冬本山留学生となって、東上、翌春、大学予備門に入学、二十五才の夏、文科大学哲学科を終えたもう。直ちに大学院に入り、宗教哲学を専攻する傍ら、第一高等学校並びに哲学館に教鞭をとられた。翌年、京都真宗中学に動揺起るや、先生を招きて学長となし、事漸く鎮まる。又一方高倉大学に於て宗教哲学を講ぜられた。二年後、真宗中学の職を稲葉昌丸氏に譲り、専ら猛烈なる禁慾生活に入られた。明治二十五年、先生三十才の夏、かの有名な宗教哲学骸骨が出版されたのである。本書は我国に於ける宗教哲学書の嚆矢(こうし)をなすものであり、信念に裏づけられた哲学書としては、おそらく世界的のものであろう。翌二十六年、シカゴで開催された万国博覧会の世界宗教会議に本書が英訳になって紹介されたところ、学者間に非常な好評を博したということである。これが西洋文化の輸入当初に、三十才未満の青年学徒によって書かれたのだから興味が深い。先生は三十二才の頃から極端な禁慾生活と、過激な活動とが禍して、遂に肺患に罹られた。しかし先生の信念は、それよりいよ〳〵冴え、活動も本舞台に入ったのである。三十四才の秋、同志と謀って宗門革新を企て、雑誌「教界時言」を発刊して広く全国に呼びかけられた。心ある僧侶や青年学徒は涙を揮って呼応し、宗門は一時混乱に陥り、その成り行きが注目されたが、やがて幾多の支障を生じて、事遂に成功を見るに到らなかったのである。しかし、この運動が宗教界に及ぼした影響は、決して小さくはなかった。またこの失敗が先生にとっては偉大なる如来の善巧であったことも否み得ない。その後三河大浜の自坊に退き、専ら自反自修の道に進まれたが、僅か二ヶ年にして本山並びに諸友の懇請に動かされて東京に出、新法主（句仏上人）の補導の任に当られた。

翌年小やかな私塾を設けて浩々洞を名づけ、青年学徒を集めて道を談ぜられたが、こゝに集まった人達は、後年宗門に新らしき息吹きを与えられたものである。また雑誌「精神界」を発刊して広く社会に向って精神主義を鼓吹（こすい）し、世を風靡している客観主義や観念論を根柢から覆（くつが）えそうとされた。この先生の唱道は、当時の学界や思想界に異常な衝激を与えたものであったが、これは啻（ただ）に、その当時のみにかぎらず、現代の問題点をも衝いていると思う。明治三十四年十月、真宗大学が東京に設立されるや、先生推されて学監となられた。先生はその開校式に臨（のぞ）み、宗門大学の性格と使命とを堂々と宣言された。翌三十五年六月、長男が亡くなり、十月には令室が逝かれた。令室逝去のため大浜に帰山中、突如、大学に騒動が起った。すべての罪を自己に帰する先生は、遠大な抱負を擲（なげう）ち、涙とともに大学を去られた。その時の御述懐に「今年は何もかも壊（こわ）れた年だった。子供が壊（こわ）れ、妻が壊（こわ）れ、学校が壊れ、今度私が壊れれば、みんな終（しまい）がつく」と語られたそうである。まことに悲壮ではあるが、不動の信念が漂っている。翌三十六年春、最後の上京をなし、祖廟に詣で「私の仕事はすみました」と御別れを告げて帰られた。同年五月末より病勢急変、神経は興奮状態に陥られたが、その中から血と共に叫び出されたものが、かの有名な「我信念」であった。実に「我信念」の一編こそは、人類救済の究極を説く福音であり、永遠に生きて在す清沢先生その人でなくてはならぬ。世の人が、「我信念」を愛誦する日が来たとき、初めて世に平和と自由がもたらされるであろう。六月六日、最後の日は来た。近侍の原子氏が遺書を聞かれると、先生は「何もない」の一言を遺(のこ)して静かに逝かれた。なんというスッキリした御態度であろうか。いかにも先生に適わしい最後であったと思う。

清沢満之先生のことば

精神主義

吾人の世にあるや、必ず一つの立脚地（りっきゃくち）なかるべからず。若しこれなくして世に処し、事をなさんとするは、恰（あたか）も浮雲の上に立ちて技芸を演ぜんとするものの如く、其転覆（てんぷく）を免るること能わざるは言を待たざるなり。然らば吾人は如何にして処世の完全なる立脚地を獲得すべきや。蓋（けだ）し絶対無限者によるの外ある能わざるべし。此の如き無限者が吾人の精神内にあるか、精神外にあるかは、吾人一偏に之を断言するの用を見ず。何となれば、彼の絶対無限者は、之を求る人の之に接するところにあり。内とも外とも限るべからざるなり。

精神主義は、自家の精神内に充足を求むるものなり。故に外物を追い、他に従いて煩悶憂苦することなし。故に精神主義を取るものにして、自ら不足を感ずることあらんか、その充足は之を絶対無限者に求むべくして、之を相対有限の人と物とに求むべからざるなり。

然れども精神主義は強ち(あながち)に外物を排斥するものにあらず、若し外物に対して行動することある場合には、彼の外物のために煩悶憂苦(はんもんゆうく)せざるのみならず、彼の外物は精神の模様に従い、自由に之を転度し得べきことを信ずるなり。故に彼の「随㆓其心浄㆒則仏土浄」とは、之れ善く精神主義の外物に対する見地を表白したるものというて可なり。

精神主義は完全なる自由主義なり、若し制限束縛(そくばく)せらるることあらば、是れ全く自(じ)限自縛(げんじばく)たるべく、外他の人物のために制限束縛せらるるにあらざるべし。自己も完全なる自由を有し、他人も完全なる自由を有し、而も彼の自由と我の自由と衝突することなきもの、是れ即ち精神主義の交際というべし。

精神主義より言うところの自由は、完全な自由なるが故に、如何なる場合に於ても、常に絶対的服従と平行するを以て、自由に自家の主張を変更して、他人の自由に調和することを得て、決して彼の自由と衝突することなし。

而して、此の如き服従の場合に於て、最も注意すべき要件あり。それは煩悶憂苦の有無なり。この点について精神主義に一つの要義あり、他にあらず、すべての煩悶憂苦を以て、全く自己の妄念より生ずる幻影（げんえい）と信ずるにあり。即ち我は外他の人物を苦めること能わざると同じく、外他の人物も我を苦めること能わざるなり。故に外他の人物の動作によりて、我が苦悩するが如きことあるも、精神主義よりして之を言えば、是れ我妄想のために苦悩するものとし、決して外他の人物のために苦悩せざるものとするなり。

精神主義と他力

精神主義は各自の心中に満足を求め得という。これ一見自力全能を主張するものの如し。然れども自己心中の満足なるものは、自力によって得べきものにあらず。全く絶対無限の賦与(おあたえ)による外なければばなり。

吾人が自己の心中に満足する模様を窺うに、世上百般の事に当りて煩悶することあるも、ひとたび転じて絶対無限の実在に想い到れば、先きの煩悶はたちまちにして消散し、無限の歓喜は油然として湧き出づるを覚ゆ。

けだし、吾人が不満を抱き煩悶するは、自力の薄弱なるによるものなり。而して、この自力の薄弱なるものが、その心中に満足を得る所以は如何というに、無限大悲の実在を感ずることによって、自己はたゞ無限大悲の賦与(おあたえ)による分限内にのみ自由を得、その分限外の範囲に於ても、別に如来大悲の妙巧あるべきことを信ずるが故に自己の内外に対して、共に不満を感ずることなきなり。

　精神主義が他力を云々するは、その他力が各自の精神に感ぜらるゝところを基本とするなり。この点よりして言えば、路傍（ろぼう）の急患者に対して、その介抱と通過とは、精神主義の一定するところにあらず。無限大悲が吾人の精神に介抱を命じ給わば是れを介抱し、通過を命じ給わば通過するのみ。介抱と通過との二点につきては、吾人は只管（ひたすら）虚心平気にして、無限大悲の指命を待つあるのみ。しかし、その指命が判然たらざる場合は如何、豈に煩悶なきを得んや、と。然れども、精神主義に立ちて他力を感知し得るものは、かくの如き疑問に悩まさるゝことなかるべし。何となれば、かくの如き猶予不定の間に居らしめたもうも、亦是れ無限大悲の妙巧なることを感知し得べければなり。即ち斯の如き場合に臨まば、いよいよ勉めて虚心平気に指命を待ちつゝ満足すべきなり。

　精神主義は、すべてを他力に任せるのであるから、自分の力で、こうしなくてならぬという責任を感じて苦悩することなきなり。世間では義務責任ということをやかましく言うが、すべてが他力の為さしめと知る吾人は「かくせねばならぬ」という義務責任を持たぬものなり。真の義務責任は無限ならざるべからず。されど吾人の為しうるところのものは、すべて有限なり。故に義務責任に関して吾人に絶対の力なき故、完全に尽くすこと能わず。随って強いて為すの必要を感ぜざるなり。かく言えば社会を忘れたるものの如く攻撃する人あらんも、別に社会を忘れたものでなく、ただ絶対無限の力のみが社会を正しくすることを信じ、自己にその力なきことを知る故、強いて為さんとせざるのみなり。

また無限大悲に乗托したるものは、真の自由を得るなり。しかれども自分勝手をして他に従わざるものにあらず、従うべきときには快く従うものなり。その場合、快して圧制や束縛を感ずることなし。ただ従わんとする念が起らば従い、背かんとする念が起らば背くまでのことなり。而して、その進退はただ他力の為さしめに任すのみ。

一念

我々が若し将来に立っているものであるならば、宜しく将来を望み将来に憑るべきである。けれども我々は現在に立って居る。現在に立ち現在に生きているものが、将来を自分の立場として何の益に立つか。現在が続いて将来となる。然るに将来を望みて現在に見ぬものは、現在を捨てて将来に立とうとするものである。その人の精神は現在に於ては少しも立場を持っておらぬ。現在に安住する基礎を持って居らぬ。然るに世間の事変は現在に襲来して止まぬ。その人はどうして之に当ることが出来ようか。その人は当然躓き倒れ苦悩煩悶し、遂に人を怨み天を呪わねばならぬ。かく現在に在って苦悶している者が、何時安寧満足の地に進むことが出来るであろうか。極めて覚束ないことである。我々はかような誤りに陥らず、脚下を固めねばならぬ。いかに外界の襲撃が激しくても、決してそれがために崩されない堅固な基礎を固めなくてはならぬ。即ち我々は現在の一念を確固にせねばならぬ。

一念というは何であるか、ひとおもいである。この現在のひとおもいを堅固にせねばならぬ。遠き将来を望まず、遙かな行末を憑らず、唯この現在の一念に極めて確かなる基礎を与えねばならぬ。

けれども、これがなか〳〵容易なことではない。何故かと言えば、吾々の精神は常に動き通し変り通しであるからである。この転変して止まぬ精神に、どうして不変不動の立場を与えうることができるであろうか。

これを為すには、吾々の精神の憑り所を求めねばならぬ。吾々の精神が転変するものに憑っておれば、吾々の精神も転変する。若し吾々の精神にして全く変動せぬものに憑っておれば、吾々の精神も変動せぬ。然るに此世に於ける相対有限の事物は悉く変動する。従って此相対有限の事物によって成立っている知識や感情や意志などは悉く変動する。従って吾々の現在の一念をして極めて確固たるものに為そうと思わば、是非とも相対有限の事物を頼りにしてはならぬ。又その相対有限の事物によって成立っている知識や感情や意志等を憑りにしてはならぬ。今一歩を進めて絶対無限に憑らねばならぬ。絶対無限の存在は永久に不変不動である。この存在に憑ることによって始めて安住の地に立つことができるのである。

但し、この絶対無限の体は相対有限の事物を離れて存するのでなく、恰も波が水に離れぬ如く、この体は差別の事物さながらに存するのである。従って吾々の精神に於ても、変り動くところの精神さながらに不変不動の一念を得るのである。決して変動する心を捨てて不変不動の一念を得るのではない。常に転変して止まぬ世に処しておりながら、又転変して止まぬ心を持ちながら何時も不変不動のおちつきを得るのでなくてはならぬ。

宗教的信念の必須条件

私は常に思う。世の人の多くが宗教的信念を求めつゝも、容易に安住の地に達し得ないのは、明らかに此の必須条件が判っていないからであると。されば、その宗教的信念の必須条件とは何であるか。

私の実験から思うて見るに、宗教的信念を得ようとするには、先づ始めに宗教以外の総ての事々物々を頼みにする心を離れねばならぬ。自分の財産を頼みにし、自分の妻子朋友を頼みにし、自分の親兄弟を頼みにし、自分の地位を頼みにし、自分の才能を頼みにし、自分の学問知識を頼みにするようではならぬ。如何なる事物をも頼みにしないというようならねば、なか〳〵宗教的信念を得るようにはなれまいと思う。家を出で、財を捨て、妻子を顧みないという厭世の関門を一度経なければ、本当の宗教的信念を得ることは出来ないであろう。

真面目に宗教的天地に入ろうと思う人ならば、釈尊がその伝記もて教えたまいし如く、親も捨て、妻子も捨て、財産も捨て、国家も捨て、進んでは自分そのものも捨てねばならぬ。語を換えて言えば、宗教的天地に入ろうと思う人は、形而下の孝行心も、愛国心も、その他仁義も道徳も科学も哲学も、一切目にかけぬようになって、始めて宗教的信念の広大なる天地が開かるゝのである。

かく言えば、或いは問う者があろう。それでは宗教を信ずるには、家を出て山林にでも隠遁しなくてはならぬか、と。私は思う、誰でも釈尊と同様に必らず一度は山林に隠れねばならぬという訳はない。山林に隠れてもよい。身体が家にあろうと山林にあろうと、商売して居ろうと軍隊にあろうと、それはどうでもよいが、たゞ一つ肝要なことは、心にこの世の一切の事物を頼みにせず、一心専念に絶対の如来に帰命することにある。

一度、如来の慈光に接してみれば、厭うべきものもなければ、嫌うべきこともなく、一切が愛好すべきもの、尊敬すべきものとなって、この世の事々物々に光りが放つことになるのである。こゝに到って宗教的信念の極致に達したものと言わなければならぬ。故にこの境地に入った人は、妻子があっても邪魔でもなければ、妻子が死んでも悲みに堪えぬということはない。肴も喜んで食うが、食えないからとて困ることもない。財産を有しても、別にそれを頼みにもしないが、貧乏になったからとて困りもしない。功名の地位を得ても得意にならぬが、得られぬからと言って別に世を怨むことはない。また知識を求めることもあろうが、知識があるからと言って誇りともせねば、無いからと言って卑下もしない。立派な家に住むことがあっても、さほど喜ばないが、山林に野宿しても別につまらぬとは思わぬ。宗教的信念を得た人を無碍人と称するのは、この有様を言ったものだと思う。

こゝに到ると、道徳を守るもよければ、知識を求むるもよし、商売するもよければ、政治に関係するもよく、漁猟するもよければ、また国に事あるときは銃を肩にして戦争に出かけるもよいのである。

分　限

我等の大迷は如来を知らざるにあり。

如来を知れば、始めて我等の分限あることを知る。

乃ち、我等の如意なるものと、如意ならざるものとあるは、この分限内のものと、分限外のものとあるが為めなり。

然るに、我等は始めより、何が分限内のものにして、何が分限外のものたるやを知らず。

此によりて、苦楽の感情なるものあり。苦は分限外のものに附随するより起り、楽は分限内のものに従属するより起る。

而して、同一事に就きて苦楽の現起するは如何と云うに、如何なることも其の初は楽なるもの多けれども、それが一定の度を超ゆれば苦しみを生ず。これ即ちその事が分限外に及びたるしるしなり。

加之、其の度なるものは、個人個人に依り、人情と場合とによりて異なるは、是れ我等の分限に種々の差等あるが為なり。

我等が賦与せられたる種々の能力を適当に運用し進めば、如来は我等の分限を増大ならしめ給うなり。

是れ我等が我等の能力を精錬修養せざる可からざる所以なり。

求施の原則

大悲廻向の分限に於いて、互に相愛相扶すべし。その相愛相扶の行為は、左の求施の二則によるものなり。

第一則

汝の有する所は、求めに応じて之を施すべし。

第二則

汝の欠くる所は、之を有する者に就いて求むべし。

この原則によりて之を観るに、我等は求施の何れに於いても、交換的の心地に住するを要とせざるなり。有るものは与えよ。無きものは求めよ。其有無は共に絶対無限の分配に出づるを信ぜよ。其分配の差別不同は、我等凡智の思議し能はざる所にして、亦思議するを要せざる所なり。

天の配賦に対して疑難に耽るは、その徒労たるを知るべきなり。唯一つ心得べきは、我の所有はその実皆な是れ天の所有にして、我等は一時其の保管と使用とに任ぜられたるのみ。然るに、若し之を我等固有のものと執せば、全く天意に背戻するものたること是なり。

尚一言の添うべきものあり。無きものは求めよ。而して終に与えられざらんか。是れ如来の我に帰去来（ききょらい）を命じ給うなり。喜んで此の命に服従すべきなり。有るものは与えよ。而して与え尽して、求むるに終に与えられざらんか。是れ亦帰去来（ききょらい）の命なるを知るべきなり。

信仰と修善

吾人は日常不如意の事あるなり。
如意を得んと欲せば、分を知らざるべからず。
是れ自己省察の心起る所以なり。
自己省察の結果は、修善の心となる。
修善の心は他力の信心に入り
他力の信は報謝の心に転じ
報謝の心（讃嘆名号）は、自信教人信の心となり
自信教人信は自行化他の念に入り
自行化他の念は復た修善等の心に反る。

以上連瑣的循環行事

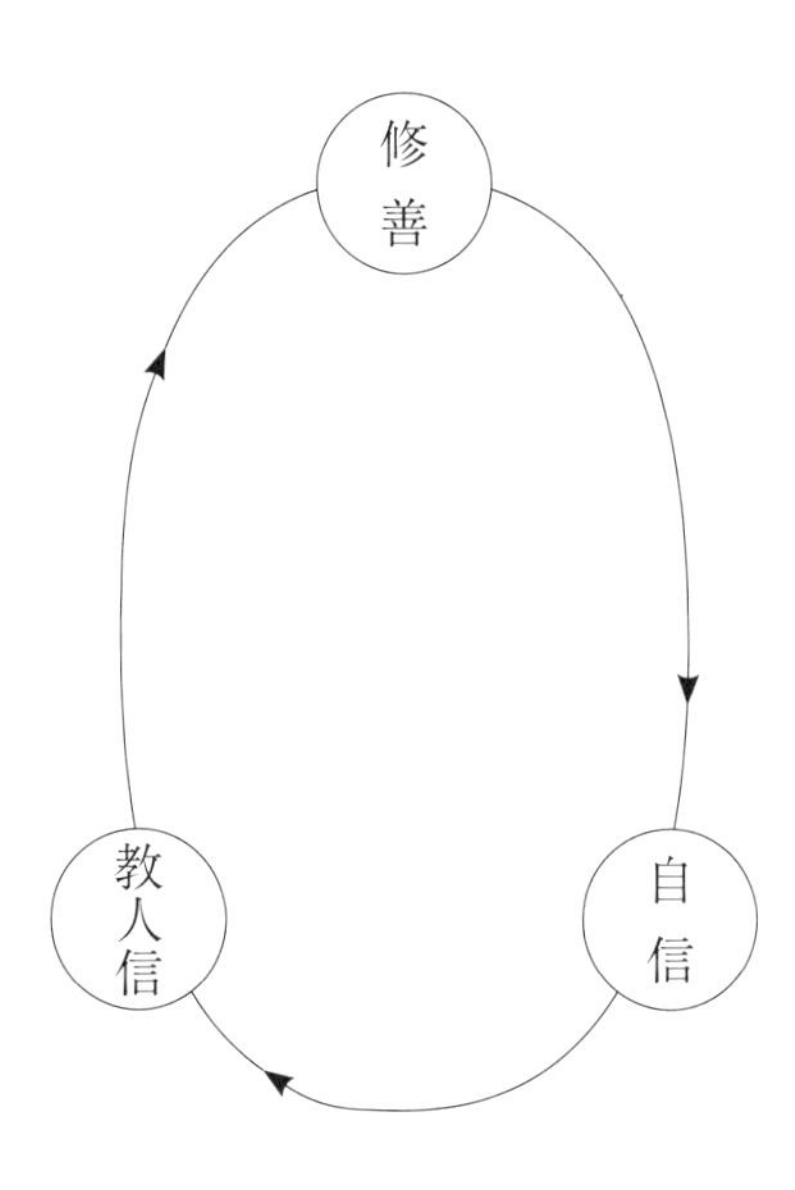
修善
自信
教人信

安心・宗義・学説

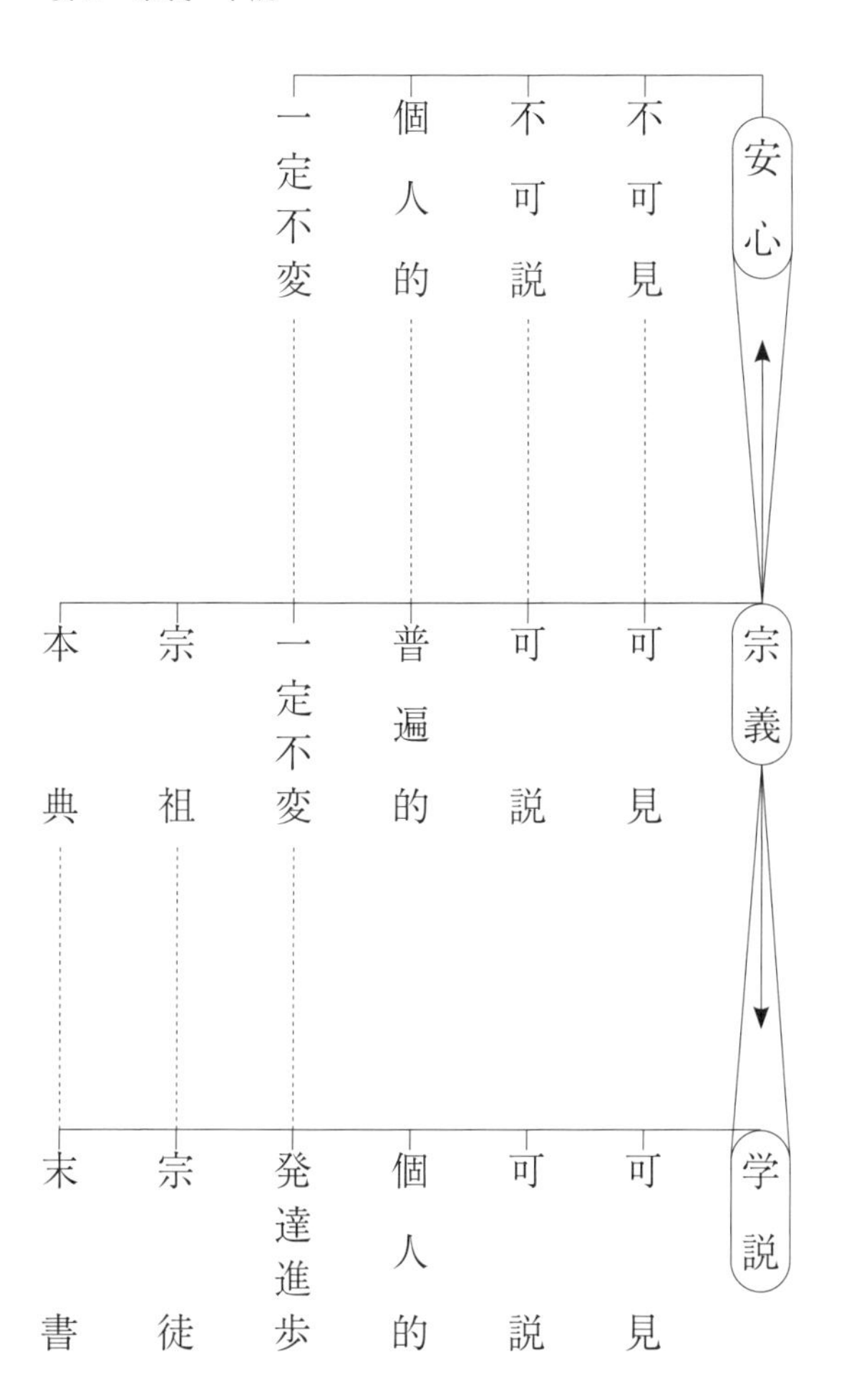

我信念

私は常々信念とか如来とか云うことを口にして居ますが、其私の信念とは如何なるものであるか、私の信ずる如来とは如何なるものであるか、今少しく之を開陳しようと思います。

私の信念とは、申す迄もなく、私が如来を信ずる心の有様を申すのであるが、其に就いて、信ずると云うことと如来ということと、二つの事柄があります。この二つの事柄は、丸で別々のことの様にもありますが、私にありてはそうではなくして、二つの事柄が全く一つのことであります。私の信念とはどんなことであるか、如来を信ずることである。私の云う所の如来とはどんなものであるか、私の信ずる所の本体である。分けて云えば、能信と所信との別があるとでも申しましょうか、即ち、私の能信は信念でありて、私の所信は如来である、と申して置きましょう。或は之を、信ずる機と信ぜらるる法との区別である、と申してもよろしい。然し、能所(のうしょ)だの機法(きほう)だのと云う様な名目を担ぎ出すと、却て分ることが分らなくなる恐れがあるから、そんなことは一切省いて置きます。

私が信ずるとはどんなことか、なぜそんなことをするのであるか、それにはどんな効能があるか、と云う様な色々の点があります。先づ其効能を第一に申せば、此信すると云うことには、私の煩悶苦悩が払い去らるる効能がある。或は之を救済的効能と申しましょうか。兎に角、私が種々の刺戟やら事情やらの為に煩悶苦悩する場合に、此信念が心に現われ来る時は、私は忽ちにして安楽と平穏とを得る様になる。其模様はどうかと云えば、私の信念が現われ来る時は、其信念が心一ぱいになりて、他の妄想妄念の立ち場を失はしむることである。如何なる刺戟や事情が侵して来ても、信念が現在して居る時には、其刺戟や事情がちっとも煩悶苦悩を惹起することを得ないのである。私の如き感じ易きもの、特に病気にて感情が過敏になりて居るものは、此信念と云うものがなかったならば、非常なる煩悶苦悩を免れぬことと思われる。健康な人にても苦悩の多き人には、是非此信念が必要であると思う。私が宗教的にありがたいと申すことが有るが、其は信念の為に此の如く現実に煩悶苦悩が払い去らるるのよろこびを申すのである。

第二。なぜそんな如来を信ずると云う様なことをするのか、と云うに就いては、前に陳ぶるが如き効能があるから、と云うてもよろしいが、なお其より外の訳合があるのである。効能があるからと云うのは、既に信じたる後の話である。まだ信ぜざる前には、効能があるかなきかは、分らぬことである。勿論(もちろん)、人の効能があると云う言葉を聞いて、信ぜられぬ訳でもないが、人の言葉を聞いただけでは、そうでもあろう位のことが多い。真に効能があるか無いかと云うことは、自分に実験したる上の話である。私が如来を信ずるのは、其効能によりて信ずるのみではない、其外に大なる根拠(こんきょ)があることである。それはどうかと云うに、私が如来を信ずるのは、私の智慧の究極(きゅうきょく)であるのである。人生の事に真面目でなかりし間は、措(お)いて云わず、少しく真面目になり来りてからは、どうも人生の意義に就いて研究せずには居られないことになり、其研究が逐に人生の意義は不可解であると云う所に到達して、茲に如来を信ずると云うことを惹起したのであります。信念を得るには、強ち此の如き研究を要するわけでないからして、私が此の如き順序を経たのは、偶然のことではないか、と云う様な疑もありそうであるが、私の信念は、そうではなく、此順序を経るのが必要であったのであります。私の信念には、私が一切のことに就いて私の自力の無功なることを信ずる、と云う点があります。此自力の無功なることを信ずるのは、私の智慧や思案の有り丈を尽して、其頭の挙げようのない様になる、と云うことが必要である。此が甚だ骨の折れた仕事でありました。其窮極の達せらるる前にも随分、宗教的信念はこんなものである、と云う様な決着は時々出来ましたが、其が後から後から打ち壊されてしまったことが、幾度もありました。論理や研究で宗教を建立しようと思うて居る間は、此の難を免れませせぬ。何が善だやら悪だやら、何が真理だやら非真理だやら、何が幸福だやら不幸だやら、一つも分(わか)るものではない、我には何にも分らないとなった所で、一切の事を挙げて悉く之を如来に信頼する、と云うことになったのが、私の信念の大要点であります。

第三。私の信念はどんなものであるかと申せば、如来を信ずることである。其如来は、私の信ずることの出来る又信ぜざるを得ざる所の本体である。私の信ずることの出来る如来と云うのは、私の自力は、何等の能力のないもの、自ら独立する能力のないもの、其無能の私をして私たらしむる能力の根本本体が、即ち如来である。私は、何が善だやら何が悪だやら、何が真理だやら何が非真理だやら、何が幸福だやら何が不幸だやら、何も知り分る能力のない私、随って、善だの悪だの、真理だの非真理だの、幸福だの不幸だの、と云うことのある世界には、左へも右へも、前へも後へも、どちらへも身動き一寸もすることを得ぬ私、此私をして、虚心平気に、此世界に生死することを得しむる能力の根本本体が、即ち私の信ずる如来である。私は此如来を信ぜずしては、生きても居られず、死んで往くことも出来ぬ。私は此如来を信ぜずしては居られない。此如来は、私が信ぜざるを得ざる所の如来である。

私の信念は大略此の如きものである。第一の点より云えば、如来は私に対する無限の慈悲である。第二の点より云えば、如来は私に対する無限の智慧である。第三の点より云えば、如来は私に対する無限の能力である。斯くして私の信念は、無限の慈悲と無限の智慧と無限の能力との実在を信ずるのである。無限の慈悲なる故に、信念確定の其時より、如来は私をして直ちに平穏と安楽とを得しめたまう。私の信ずる如来は、来世を待たず現世に於て既に大なる幸福を私に与えたまう。私は、他の事により多少の幸福を得られないことはない。けれども、如何なる幸福も此信念の幸福に勝るものはない。故に、信念の幸福は、私の現世に於ける最大幸福である。此は、私が毎日毎夜に実験しつつある所の幸福である。来世の幸福のことは、私はまだ実験しないことであるから、此処に陳ぶることは出来ぬ。

次に、如来は無限の智慧であるが故に、常に私を照護して、邪智邪見の迷妄を脱せしめ給う。従来の慣習によりて、私は、知らず識らず、研究だの考究だのと、色々無用の論議に陥り易い。時には、有限粗雑の思弁（しべん）によりて、無限大悲の実在を論定せんと企つることすら起る。然れども、信念の確立せる幸には、たとえ暫く此の如き迷妄に陥ることあるも、亦容易く其無謀なることを反省して、此の如き論議を抛擲（ほうてき）することを得ることである。「知らざるを知らずとせよ、是れ知れるなり。」とは実に人智の絶頂である。然るに、我等は容易に之に安住することが出来ぬ。私の如きは、実におこがましき意見を抱いたことがありました。然るに、信念の幸恵により、今は「愚痴の法然房」とか、「愚禿の親鸞」とか云う御言葉を、ありがたく喜ぶことが出来、又自分も真に無智を以て甘んずることが出来ることである。私も以前には、有限である不完全であると云いながら、其有限不完全なる人智を以て、完全なる標準や無限なる実在を研究せんとする迷妄を脱却し難いことであった。私も、以前には、真理の標準や善悪の標準が分らなくなっては、天地も崩れ社会も治まらぬ様に思うたることであるが、今は、真理の標準や善悪の標準が人智で定まる筈がないと決着して居ります。

扨又、如来は無限の能力であるが故に、信念によりて大なる能力を私に賦与し給う。私等は通常、自分の思案や分別によりて進退応対を決行することであるが、少し複雑なことになると、思案や分別が容易に定まらぬ様になる。それが為に、段々研究とか考究とか云うことをする様になる。而して前に云うが如き標準とか実在とか云う様なことを求むることになりて見ると、行為の決着が次第に六ヶ敷なり、何をどうすべきであるやら、殆ど困却の外はない様なことになる。言葉を慎まねばならぬ、行を正しくせねばならぬ、法律を犯してはならぬ、道徳を壊りてはならぬ、礼儀に違うてはならぬ、作法を乱してはならぬ。自己に対する義務、他人に対する義務、家庭に於ける義務、社会に於ける義務、親に対する義務、君に対する義務、夫に対する義務、妻に対する義務、兄弟に対する義務、朋友に対する義務、善人に対する義務、悪人に対する義務、長者に対する義務、幼者に対する義務等、所謂人倫道徳の教より出づる所の義務のみにても、之を実行することは決して容易のことでない。若し真面目に之を遂行せんとせば、終に「不可能」の歎に帰するより外なきことである。私は此「不可能」に衝き当りて、非常なる苦しみを致しました。若し此の如き「不可能」のことの為にどこ迄も苦まねばならぬならば、私はとっくに自殺も遂げたでありましょう。然るに、私は宗教によりて此苦みを脱し、今に自殺の必要を感じませぬ。即ち、私は無限大悲の如来を信ずることによりて、今日の安楽と平穏とを得て居ることであります。

無限大悲の如来は、如何にして私に此平安を得しめたまうか。外ではない、一切の責任を引き受けて下さることによりて、私を救済したまうことである。如何なる罪悪も、如来の前には毫も障りにはならぬことである。私は善悪邪正の何たるを弁ずるの必要はない。何事でも、私は只自分の気の向う所、心の欲する所に順従うて、之を行うて差支（さしつかえ）はない。其行が過失であろうと、罪悪であろうと、少しも懸念することはいらない。如来は、私の一切の行為に就いて責任を負うて下さるることである。私は、只此如来を信ずるのみにて、常に平安に住することが出来る。如来の能力は無限である。如来の能力は一切の場合に遍満（へんまん）してある。如来の能力は十方に亙（わた）りて、自由自在、無障無礙に活動し給う。私は、此如来の威神力に寄託して、大安楽と大平穏とを得ることである。私は、私の死生の大事を此如来に寄託して、少しも不安や不平を感ずることがない。「死生命あり、富貴天にあり。」と云うことがある。私の信ずる如来は、此天と命との根本本体である。

明治三十六年夏、先生三河国大浜町西方寺にあり、自ら筆を執りて、此一篇を草し、後数日を出でずして、病俄に革まり、六月六日午前一時、溘然として寂せらる。
然れば此一篇は正に先生の絶筆なり。

絶対他力の大道

一

自己とは他なし、絶対無限の妙用に乗託して、任運に法爾に、此現前の境遇に落在せるもの、即ち是なり。

只夫れ絶対無限に乗託す、故に死生の事亦憂うるに足らず。死生尚且つ憂うるに足らず、如何に況んや之より而下なる事項に於てをや。追放可なり、牢獄甘んずべし。誹謗・擯斥・許多の凌辱、豈に意に介すべきものあらんや。我等は只管、絶対無限の我等に賦与せるものを楽まんかな。

二

宇宙万有の千変万化は、皆是れ一大不可思議の妙用に属す。而して我等は之を当然通常の現象として、毫も之を尊崇敬拝するの念を生ずることなし。我等にして智なく感なくば則ち止む。苟も智と感とを具備して此の如きは、蓋し迷倒ならずとするを得んや。

一色の映ずるも、一香の薫ずるも、決して色香其者の原起力に因るに非ず。皆彼の一大不可思議力の発動に基くものならずばあらず。色香のみならず、我等自己其者は如何。其従来するや、其趣向するや、一も我等の自ら意欲して左右し得る所のものにあらず。ただ生前死後の意の如くならざるのみならず、現前一念における心の起滅、亦自在なるものにあらず。我等は絶対的に他力の掌中に在るものなり。

三

我等は死せざる可らず。我等は死するも、なお我等は滅せず。

生のみが我等にあらず、死も亦我等なり。我等は生死を並有するものなり。我等は生死に左右せらるべきものにあらざるなり。我等は生死以外に霊存するものなり。

然れども、生死は我等の自由に指定し得るものにあらざるなり。生死は全く不可思議なる他力の妙用によるものなり。然れば、我等は生死に対して悲喜すべからず。生死なお然り、況んや其他の転変に於てをや。我等は寧ろ宇宙万化の内に於て彼の無限他力の妙用を嘆賞せんのみ。

四

請う勿れ。求むる勿れ。爾何の不足がある。若し不足ありと思わば、是れ爾の不信にあらずや。

如来は爾がために必要なるものを賦与したるにあらずや。若し其賦与において不充分なるも、爾は決して此以外に満足を得ること能わざるにあらずや。

蓋し、爾自ら不足ありと思いて苦悩せば、爾は愈修養を進めて、如来の大命に安んずべきことを学ばざるべからず。之を人に請い之を他に求むるが如きは、卑なり、陋なり。如来の大命を侮辱するものなり。如来は侮辱を受くることなきも、爾の苦悩を奈何せん。

五

無限他力、何れの処にかある。自分の稟受において之を見る。自分の稟受は無限他力の表顕なり。之を尊び之を重んじ、以て如来の大恩を感謝せよ。

然るに、自分の内に足るを求めずして、外物を追い、他人に従い、以て己を充たさんとす。顚倒にあらずや。

外物を追うは貪欲の源なり。他人に従うは瞋恚の源なり。

六

何をか修養の方法となす。曰く、須く自己を省察すべし、大道を見知すべし。大道を見知せば、自己にあるものに不足を感ずることなかるべし。自己に在るものに不足を感ぜざれば、他にあるものを求めざるべし。他にあるものを求めざれば、他と争うことなかるべし。自己に充足して、求めず、争わず、天下何の処にか之より強勝なるものあらんや、何の処にか之より広大なるものあらんや。かくして始めて、人界にありて独立自由の大義を発揚し得べきなり。

此の如き自己は、外物他人のために傷害せらるべきものに非るなり。傷害せらるべしと憂慮するは、妄念妄想なり。妄念妄想は之を除却せざるべからず。

七

独立者は常に生死巌頭（がんとう）に立在（りつざい）すべきなり。殺戮餓死（さつりくがし）、固（もと）より覚悟の事たるべし。既に殺戮餓死（さつりくがし）を覚悟す。若し衣食あらば、之を受用すべし、尽くれば、従容（しょうよう）死に就くべきなり。

而して若し妻子眷属（けんぞく）あるものは、先づ彼等の衣食を先にすべし。即ち、我が有る所のものは、我を措いて先づ彼等に給与せよ。其残る所を以て我を被養すべきなり。ただ、我死せば彼等如何にして被養を得ん、と苦慮すること勿れ。此には絶対他力を確信せば足れり。斯大道は決して彼等を捨てざるべし。彼等は如何にかして被養の道を得るに到るべし。若し彼等到底之を得ざらんか、是れ大道彼等に死を命ずるなり。彼等之を甘受すべきなり。ソクラテス氏曰く、我セサリーに行きて不在なりしとき、天、人の慈愛を用いて彼等を被養しき。今我若し遠き邦に逝かんに、天豈亦彼等を被養せざらんやと。

他力の救済

我、他力の救済を念ずるときは、我が世に処するの道開け、我、他力の救済を忘るるときは、我が世に処するの道閉づ。

我、他力の救済を念ずるときは、我、物欲の為めに迷わさるること少く、我、他力の救済を忘るるときは、我物欲の為めに迷わさるること多し。

我、他力の救済を念ずるときは、我が処するところに光明照し、我、他力の救済を忘るるときは、我が処するところに黒闇覆う。

嗚呼、他力救済の念は、能く我をして迷倒苦悶の娑婆を脱して、悟達安楽の浄土に入らしむるが如し。我は実に此念によりて現に救済されつつあるを感ず。若し世に他力救済の教なかりせば、我は終に迷乱と悶絶とを免れざりしなるべし。然るに、今や濁浪滔々の闇黒世裏に在りて、夙に清風掃々の光明海中に遊ぶを得るもの、其大恩高徳、豈区々たる感謝嘆美の及ぶ所ならんや。

法味寸言

一、自己とは何ぞや、これ人生の根本問題なり。

一、すべての煩悶憂苦は、自己を知らざるより起る。

一、自己を知る者は勇猛精進、独立自由の大義を発揮す。

一、執着は奴隷心なり。

一、妄念の根源は外物を追求するにあり。

一、実力ある者は、自分に反対する者を愛す。

一、苦楽は現在にあり。

一、依頼は苦悩の源なり。

一、悪人を悪む善人は、実力なき善人なり。

一、競争は力の足らない人のすることである。

一、苦痛は罪悪の結果なり。

一、実物は数理を打破し、実行は哲理を打破す。
一、嫌いな物が多い人ほど知識が狭い。
一、外物は精神の模様により転変す。
一、貧を貧と思わざれば富なり。
一、富を富と思わざれば貧なり。
一、貧富は充足を知ると知らざるとによる。
一、真の充足は、之を絶対無限者に求むべし。
一、他人の悪が見ゆるは、我が悪の所為なり。
一、他を咎めんとする心を咎めよ。
一、困ると困らざるとは彼の事にあらず我の事なり。
一、力の及ばざるところは如来の領分なり。
一、我等の大迷は如来を知らざることにある。如来を知れば自己の分限を知る。
一、如来の奴隷となれ、その他のものの奴隷となること勿れ。

一、天与の分を守りて我が能を尽くすべし。

一、不足ありと思わば、是れ汝の不信にあらずや。

一、外物を追うは貪欲の源なり、他人に従うは瞋恚の源なり。

一、我が職は天与の任務なり、尊重すべし。

一、生死は全く不可思議の妙用によるものなり。

一、現前一念の心の起滅も亦自在なるものにあらず。

一、すべて物の究極は不可思議の域に入る。是れ吾人が不可思議の妙用に托せざるべからざる所以なり。

一、信仰は自覚なり。

一、実なるが故に信ずるにあらず、信ずるが故に実なり。

一、吾人の根本的成立を自覚するもの、これを宗教的信念という。

一、如来を信ずるものに失敗なし。

一、宗教は目前に在り、人これを他に求む。

一、無能の私をして私たらしむる能力の根本々体が如来なり。

一、如来を信ぜずしては、生きても居られず、死んで往くこともできぬ。

一、如何なる罪悪も如来の前には毫(すこし)も障りにはならぬ。

一、自力もまた他力の賦与(ふよ)に出づ。

一、如来の仕事を盗むが故に苦悶離れざるなり。

一、財産に執着するものは、如来の財物を私するものなり。

一、虚飾は大罪なり。

一、形式に拘泥せば偽善に陥る。一定の善悪あることなし。

一、他力を信ぜば、ます〳〵修善を勤めざるべからず。

一、道義は為し難きことを命ぜず。

一、苦痛の道徳を排して歓喜の道徳を実行すべし。

一、天命に安んじて人事を尽くす。

一、道徳は其実行の出来ないことを感知せしむるが目的なり。

一、信后の苦悩は、自己の無能を反省せしめたもう如来の慈鞭なり。

一、仏陀は更らに大なる難事を示して、ます〳〵佳圦に進入せしめたもうが如し。豈感謝せざるを得んや。

言　行　録

先生が四五人の者と談話しておられたとき、その中の一人が「命を捨てる気になれば何でも出来る」と言ったところ、先生即座に曰く「命を捨てずに何ができますか」と。

ある時の談に「羅漢(らかん)というは結構なものですな――」と申された。すると一人が言うには「自利あって利他を知らぬ羅漢が何故に結構ですか」と。先生曰く「今日、利他とか教化とか言って、自分自身を省る人の少いのに、羅漢は独り自利を全うして虎など遊んでいる。その姿は、そのまゝ吾々を教えてくれるではないか」と。

或人、先生に尋ねて曰く「先生の肺は那辺(なへん)まで腐蝕(ふしょく)していますか」と。先生曰く「私は一向存じません。また医師に尋ねたこともありません」と。

先生は他人に対して寛容な態度を失われなかった。これは人間そのもの、不完全をよく知っておられたからであろう。

先生に対して意見を述べると、すぐに破斥せず、ソウソウと言って肯(うなづ)いて行かれ、言うだけ言わせておいて、最後に徹底的に論破されるのが常であった。

先生曰く、人は自分を冷静な人間と言うが、それは誤りで、我ほど感情のつよきものは世に少いであろう。されば予は感情の害毒を知るゆえにつとめ〳〵て抑制しているのみである。

先生曰く、胃病を患(わづら)うものは胃の消化を顧みず食べ過ぎるからである。学者にもまたこの種の病がある、それは学んだところを咀嚼(そしゃく)せずして、徒(いたづ)らに多くを学ばんと欲するものである。深く警むべきである。

先生曰く、行乞は、宗教者の行として最も清高なもの、一つである。我等はこれを行わずとも、常にこれを行う覚悟を持つべきである。

先生曰く、肺病も三十過ぎてから患えば、なか〳〵面白味のある病気である。しかし三十歳以前では一寸危い。

先生は一言一行、他人に迷惑をかけぬように心がけておられた。若い者と一緒に生活しておられたときでも、自分の事はすべて自分でなさって他人を使われなかった。

先生曰く、世人はパンの問題に苦むと言うが、実はパンを求むる心に苦められているのである。如来がパンを与えて下さる間は生かせてもらえるに間違いない。如来がパンを与えて下さらぬときは、如来の世界に引き取って下さるに間違いはない。要は苦悩する必要はないということである。

奥様が「明日炊(た)く米がないが、どうしましょうか」と尋ねられたとき、先生が申されるには、「如来がましますす、心配するには及ばぬ」と。

先生曰く、他人の意見と自分の意見と衝突したとき、大いに議論するのはよいが、相手を憎んではならぬ。人間の考えは、すべて相対的のものであるから。

先生曰く、嫉妬(しっと)、猜疑(さいぎ)は人を信ずる心がないから起る。たとい相手から騙(だま)されても、疑うより信じた方が幸である。

世人は権利とか義務とか、すむとかすまぬとか言ってむづかしい世界をこしらえているが、かの狂人を見よ、精神病院では、みんな踊ったり、歌ったりしておるが、別に喧嘩ということをしない。これ各自の世界をもって自由に生きているからである。常人もせめて狂人ほどの見識をもちたいものだ。

あるとき人が「本願寺は詐欺取財のようなことをして金を集める」と批難したところ、先生即座に「政府は金を出さねば刑罰を与えると言って、強盗式に金を集めるではないか」と言われて、一座大笑したという。

ある講習会の席上、多くの名士と共に講話をされたところ、聴衆の一人のクリスチャンが居て、「他の講師の話は面白いが死んでいる。清沢先生の話は面白くはないが生きている」と言ったそうである。

先生は君子然とした人間より、飾り気のない赤裸々の人間の方を好まれた。ある学生が吉原に遊んだ話を面白そうにしたところ、その男の帰った後で、「偉い男だ」と賞められたそうである。

真宗中学の校長をしておられたとき、寄宿舎で学生がトランプをして騒いでいたので舎監が行って、「何をしているか」と咎めたところ、一学生が「トランプです」と即座に言ったので、舎監が先生にその事を話したところ、先生は「立派な態度だ」と賞められたそうである。

暁鳥師が最初に先生から認められたのは、真宗中学で、英語の時間に訳文を命ぜられたとき、暁鳥師が「調べてきませなんだ」とハッキリと答えられたことにあったそうである。

ある門生が先生の前席をして、すむとかすまぬとか、申訳が立つとか立たぬとか、許されるとか許されぬとか、くど〳〵しく言ったところ、先生はその門生が壇を下るや、直ちに壇上に立って「今の話はみな嘘じゃ」と一言の下に否定されたということである。

先生曰く、人間はツブシのきくよう修行することが大切である。ツブシのきく人間は、どこにあっても役に立つし、また不平を言わずにすむ。不平のある人間ほどつまらぬものはない。

ある人曰く、先生の一生は矛盾と疑問に終始している。大いに弁解を要する一生である。先生は疑問の人であり、未解決の人である。

ある人先生に尋ねて言うには、「如来は無条件のお助けであるというのに、何故に信心が必要なのですか」と。先生曰く「疑がわれねば、極楽の真中に在っても快とならぬではないか」と。

先生はあるとき「私は娑婆即寂光土ということは、あまり有難く思いません」と言われたことがある。また先生は「信後の風光」と題して「心は浄土にすみ遊ぶ」の御言葉を引用せられている。どうも先生は二益を喜んでおられたようである。

あるとき佐々木月樵師が「今日は非常に不快な気持で居ったところ、安藤君が来て伊藤仁斉の話をしてくれたので心が快となった」と話されたところ、先生が言われるには「やはり他力でなくてはいけません」と。

ある時二人の学生が先生のところに来て「私は朝寝の癖があって、朝早く学校に行くのが嫌やなので困っておりますが、これはどうしたらよろしいでしょうか」と申すと、先生は「それは学校に往くには及びますまい。自分の好きな通り朝寝をしたらよいでしょう」と言われた。すると学生は「そんなことをしていては国元から学資を送ってもらっているため心が苦しいです」と申し上げると、先生は「どちらでもよい、自分に苦しうない道を選ぶがよろしいでしょ」と平然として答えられたそうである。

「パン無くば死ぬ」これが先生の生活問題解決の秘訣であった。一たびが生活問題に触れるや、先生の言々句々は、白刃の閃く如く聴く者の上に威力を振ったと言われている。

先生は、居常酒を飲まず、煙草を吸わず、また庭園も散歩せず。人の花見に行くを見ては、却って笑って曰く「一室に坐して花を見、月を見る能わざるものはまた不自由なるかな」と。

先生曰く、私は長男が五、六才のとき、妻が今から金銭を貯蓄して、この児の学資を作ってもらいたいと哀願した。そのとき私は妻に諭して言うには「心配するに及ばぬ、児の長生も測られず、また賢愚も測られない。たとい千万の財を貯えても、児が愚ならば役に立たぬ。若し児に学才があったならば、学資は何所からか与えられるであろう。十年後のことを今から苦慮する必要はない」と。今や、長男は十才にして死し、妻もまた続いて死んだ。取り越し苦労は無益である。如来を信ずるものは現在を喜び、将来もまた如来に任せて安住するのである。

先生は名利に極めて恬淡（てんたん）であった。衣服は茶木帛、羽織は黒セル一枚であった。先生曰く「余は金銭のためならば一席の演説、一座の法話も成すことを好まぬ」と。また学階も一生学師で終られた。

先生曰く、蓮如上人は「木像よりは絵像、絵像よりは名号」と仰せられたが、今一歩進めて言わば、名号よりも直ちに心で如来の威神力に接すべきであるが、散乱疎動（そどう）の心では不可能である。そこで如来の威神力を表わす名号を拝して、心の救いを味うべきである。

今時の青年が理窟を追求して信仰に入らんとするは、さのみ排斥すべきではない。

何んとなれば理窟を追求し、建てては崩れ、建てては崩れ、終に理窟のたのむべからざるを知ったとき、始めて理窟以上の信仰に入ることができるからである。

平重盛が「忠ならんと欲すれば孝ならず、孝ならんと欲すれば忠ならず」と歎じて死を求めたが、これは倫理以上の世界を知らなかったがためである。如来の大活動を知らずして、無力の自分が責任を担（にな）うたゝめ広い世界に身の置き所が無くなったのである、と。

先生曰く、「救い」とは自己を如来の中に滅却するにある。自己が滅却すれば、自己の負うべき責任は少しもないわけである。若し責任あらば、それは自分に憂慮せずとも、如来が必らず始末をつけて下さることである。この信頼によって始めて真の力が出るのである。

先生曰く、釈尊は阿含経の中に、しば〳〵無常無我の理を説きたもう。宇宙の間を見るに集るものは散じ、生あるものは死す。無常の理を知ることは、さほど難事ではないが、無我の理を知ることは頗る難事である。この無我の理を知るには、如来の威神力を知らせてもらうことが最も近道であると思う。

先生曰く、精神主義に立てば、失敗というものは一切なくなるのである。凡そ失敗なるものは、自分に失敗と認めたときに失敗となるので、自分に失敗と認めなければ失敗はないわけである。即ち失敗と非失敗とは外部にあるものでなく、内心の見方一つによるものであるから、精神主義に立つものは、いかなる場合においても如来の威神力が仰がれるばかりで、失敗とか、不幸とか、不運とかいうものはないことになるのである。

或人曰く、「先生の前には如来活動の舞台上の人があるのみで、憎むべき人はないでしょう」。先生曰く、「然り。今日当局の人達と雖も、満之は決して憎んではおらぬ。必らず一度は手を執り合うことができるものと信じている」と。今の人曰く、「では世に精神主義者ほど厚顔なるものはなかるべし。一派挙って危急存亡のときと憂慮するも、これを如来の策励と感謝し、調和し難き人に対しても平気で手をとり、自から隠れたきほどの罪を荷いながら平然と衆人の中に安座す。されば精神主義は、ある意味において鉄面皮主義にあらずや」と。先生曰く、「たゞ面皮が鉄に化するのみでなく、身心悉く鉄石となるのである」と。

或人曰く、先生は極めて小身ではあったが、細い指先まで張り切れる程の力があるように見えた。一言一行にも力が張っていた「信は力なり」とは先生一代を説明している。いかなる人がドンなことを言おうと、また仕ようと、トンと動かぬ、手のつけようのない人であった、と。

或人曰く、先生は殆んど清濁併せ飲むという態度をもって居られた。随分議論が好きで、無遠慮に反対者を攻撃せられたが、決して交際上、人を排せられることはなかった、と。また或人は、先生と議論すると、あまりに激しく破斥されるので、憎々しく思われることすらあったが、妙なことには、どうも先生を忘れることができず、離るれば離れるほど慕わしくなるのは不思議であった、と。

先生は始終ニコ〳〵微笑(ほほえ)んでおられて、会う人に窮窟な感じを与えるようなことはなかったが、自己を保つことは極めて厳であらせられた。

先生の精神主義に対して、論難甚だしかったときある会合の席上、先生立ちて一場の感話をなされた。要は「私が精神主義を唱えて、諸賢の高教を受け、まことに感謝に堪ぬ。しかし私としては、何等をも主張するものでなく、たゞ自己の罪悪と無能とを如来の前に懺悔するのみである」と述べられたが、その時の先生の姿は森厳そのものであったということである。

先生が浩々洞（同人の集り）を統理せうるゝや、規律をもってせず、叱責をもってせず、たゞ自由に放任せられた。それのみならず、折々茶話会を開いて、年少のものとともに遊戯の中にも加わり、共に興じ、共に戯れたもうた。しかも、その温かな雰囲気の裡に自然に統理せられ、一言の不平を言うものもなかったということである。

同人のものが世の腐敗を歎き、仏教の振わないことを慨したようなとき、先生は常に「世の腐敗も仏教の振わないものも、吾々の罪ではないか」と言って、すべての罪を自己一身に引き受ける道を教えられた。

先生曰く「情に激したときに書いた手紙は直ちに郵送せず、机上に置いて如来の検閲を乞い、然る後に投函すべし」と。

ある人、如何にするも苦悶を消すことができないので、先生にその旨を訴えられたところ、先生曰く、すべて窃盗するものは、表面如何に平気に粧うとも、心中には必らず苦悶があるものである。あなたは如来の仕事を盗んでいるから苦むのである。宇宙一切の活動は、みな是れ如来の活動である。あなたが若し、あの一事は自己の罪なり、あの一事は自己の過ちなりと思わば、それは如来の仕事を盗んでいるものである。盗むが故に苦悶から脱(のが)れることができないのである。汽車に乗ったときは、荷物のすべてを汽車の中におろすべきである。汽車に乗りながら、なおも自分が荷物を持って苦むのは、汽車の仕事を盗んで自ら苦むというものである。如来の仕事を盗んでいる間は、いかにしても苦悶を脱することはできない。無我になるのは、如来の仕事は如来に任せて盗まぬことの意である。如来を知らざる間は、一切の事を、みな自己の責任の如く感じて、その重荷に堪えないのであるが、ひとたび如来の威神力に目醒めてみれば、昨日まで自己の罪悪と思って苦んだことが、如来の働きに取り上げられ、そこに感謝の気持が湧き上ってくるのである。

先生曰く、もし自分の責任というものを負うことになれば、私は早くに自殺したでしょう。たとい私が百年長命しても責任の一部も果し遂げることはできないからである。されど如来に一切を任せた身は幸福なるかな。すべての責任の重荷をおろして、如来の計らいのまゝに悠々と生活をさせてもらえることは。

如来を信じて現世に利益を得るとは、数百万の財を得るような小利益ではない。如来を信ずることによって無限の利益を得るからである。無限の利益とは、今の生活のまゝで大満足を得させてもらうことである。

先生曰く、われ人生行為究極の道を告げよう。人間は、如何なることを為すとも、自分に満足して悩まず苦しまず、平然として世に処して行くことができるならば、それで十分である。その行為が是なるか非なるかを問う必要はない。善悪の別は、結局、人間として分るものではないからである。

先生の性格は、一言にして答うことができない。強いて言えば螺貝（ほらがい）の色を見るようなもので、多彩で而もそれが和合統一して、別に一種の光彩を放っていた。即ちエピクテタスと「阿含経」、ソクラテスと「歎異抄」と言った風に、冷厳と寛容、倫理的と超倫理的と相反するものが和合統一されて、一種独特の光彩を放っていた。先生曰く、「私はエピクテタスの主義に従う、しかし他力本願の信仰は動かない。またソクラテスを尊信し、キリストの山上の垂訓を喜ぶが、他力の救済を信じて疑わない」と。

先生は妄念の賊を防ぐに、いろ〳〵な武器を持っておられた。「死」が襲い来れば、先生はエピクテタスの「死の門は常に開いている」の教えを以て防ぎ、妻子の問題が襲い来れば、ソクラテスが死に臨んで妻子の生活を天に任せて安んじた言葉を以て防ぎ、罪悪の問題が襲い来れば、歎異抄の悪人正機の本願によって防ぐと云った風で、万障襲い来っても、それに対するいろ〳〵な武器を持って居られたが、その武器はまた如来の威神力に統一されていたようである。

平生いかに大言壮語している人でも、若し、その身より地位、名誉、妻子、パンを奪い去られて、而もなお自若として動かない人が幾人あるであろうか。この点、先生は始終動じない人であった。それは常に如来の威神力を信じておられたからであろう。

或人曰く、孔子が「人知らずして慣らずまた君子ならずや」と言ったが、これは到底われ〳〵に実行できることではないと。先生曰く、汝の説は断じて誤りである。人間は世間の毀誉褒貶を気にするようで何事ができるか。たとい百人千人のものが笑うとも、自から信ずるところあれば、それで足るではないか、と。

或人曰く、宗教家は常に「死」を問題にするが、それは偏った見方ではないか。人間は先づ「生」の問題から解決すべきであろう、と。先生曰く、君の考えは「生」の問題は何ものかを知らぬものである。人間の「生」を脅かすものは種々あるが、結局は「死」の一事に帰す。従って「死」の問題を解決することによって始めて「生」の問題が根本的に解決されるのである。古来の高僧偉人が、先づ第一に「死」の問題に取組んだはそれがためであろう。

今の人、貧困に陥ると、財を得れば安心ができるであろう。疾病にかゝると快癒すれば安心ができるであろう。我子に悪癖あれば、悪癖が治れば安心ができよう。我娘にして早く結婚せば安心ができるであろう、等と言って、将来に安慰を願っているのであるが、それでは永久に安堵を得ることはできない。一難去れば、また一難来る。真の安堵は苦悩の根源を克服して、今の生活の中に大安慰を得ることではなくてはならぬ。

或時、先生数珠玉を示して曰く、これは一個の玉であるが、左から見るのと右から見るのと、上から見るのと下から見るのと、その色彩形態を異にす。しかも玉は一つであるが如く、真実の道は一つであるが、人間の見方によってその趣きを異にす。言葉にとらわれて道の同異を論争するものは、その根元を知らぬ皮相の見解と言わねばならぬ。

先生曰く、人は失意の時が最も修養に好き時期である。凡そ達人は弾力に富むことゴム玉のようなもので、圧力を加うれば一時は凹むが、やがて力強くふくれるものである。われわれ失意のあるときは、やがて如来の弾力を受くべき時と考えて決して悲観すべきではない。

先生曰く、幾度玩味するも偉大森厳にして動かざるものは、ソクラテスの「哲学者は死の問題を研究するものなり」との一語である。妻子を憂えず、人を怨まず、従容として毒を仰いて死に就きうる人ならでは言い得ざる語である。

宿善の機とは、他力の教えを喜んで聞こうとする人である。

病躯をかゝえて寺に帰ったので、最初は寺の親や、檀家の者に対していろいろと心配し気兼ねしたが、今では因縁ということを深く味わせて貰ったので、至極安心して病臥させて頂いておる。これも如来の御計らいであろう。

先生は晩年に到って無責任主義だと言われたが、そのなされた事を見ると、どこまでも責任を重んじ、責任を果しておられる。

先生ひとたび口を開くや、熱心に説き進みて、その疲れるを知らず、而して、壇を降られた後、咯血を見ることが折々あったという。

先生曰く、「以前は帝国大学の寄宿舎生活時代が最も快なりと思いしも、今日に於ては、如来の慈光の下にある現在ほど楽しさはなし」と。また或時の仰せに、「私は病床に臥して居ながら、月を眺めて楽み、花を見て喜んでおります」と。

或人先生に尋ねて曰く「西洋の学問は論理の水際がよく立っているが、仏教に於ては不一不二など言って一寸論理で裁くことができないので、何だか曖昧なように思われます」と。先生曰く「物には論理以上のことがある」と。

或人先生に尋ねて曰く「先生の信ずる如来は自然の理法の如きものにて、単なる空理にあらずや」と、先生曰く「如来には法身、報身、応身化身あり、一言にに尽くすべからず。一言に尽くしうべきは真の如来にあらず」と。

先生曰く「すべて理論は相対的のものであるから、正反対の理論も立派に成り立つものである」と。

先生は人間の価値が相対的であることを能く知っておられたから、如何に智慧の優れた人に対しても別に恐れず、智慧の劣った人に対しても決して見下げられなかった。従って他人と比べて自分の劣っていることを歎いたり、他人の優れていることを羨むような態度を極力排斥された。

先生は非常にヘーゲルを好まれた。それはヘーゲルの哲学が理論的であるからでもあろうが、ある時の仰せに「ヘーゲルの哲学は、単に思弁上のみならず、人情に契い信仰の域に達して居った。彼が講演の節には、いつも「これは我がいうにあらず、天之れを示すのみ」と前置したということであるが、その信念は称讃に値する」と。しかし晩年に到っては「ヘーゲルに対する興味は薄らいだが、ソクラテスに対する尊敬は少しも変らない。否、ます〳〵深まるのみである」と申されたそうである。

先生曰く「猛獣も馴らせば馴れるものです。病気もそれと同様に抵抗してはいけない。「柔よく剛を制す」とは病気に対する心懸けでもあります」と、又曰く「病気に対して恐れてはならぬが、また悔ってはならぬ」と。

　或人尋ねて曰く「長く外に居た法要談経を嫌いますが、先生は如何ですか」と。先生答えて曰く「私も以前は読経などつまらぬものだと思っていましたが、只今では深い意味を感じてまいりました。仏前で読経することは、如来の前で仏徳を讃嘆することであって、百千の聴衆の前で説教するのと少しも変らぬ。否、もっと優れた役目であるように思います。そして経文読誦の妙味は、何んとも申しようがありません。そこで私は一里四方の小僻地に居って、毎日同様の法要を勤めながら、少しも窮屈や不愉快を感じません。心中まことに満足いたしております云々」と。

　先生が最後に京都を去られるとき申されるには、「今年はみんな砕けた年であった。学校はくだける、妻子は砕ける、今度は私が砕けるのであろう。これで始末がつきます」と。

先生曰く、われ人生行為究極の道を告げん。人間は如何なることを為すとも、それがために苦まず、自ら満足して、一毫の恐怖、一念の疑心だになくば足るなり。その行為が是なるか非なるかを問うを要せず。善悪の別は畢竟不可得なり云々、と。

トルストイ曰く「キリストは、『石を変じてパンとなす』と言ったが、余は神の子なるが故にパンを忍ぶことを得る」と、それキリストは偉人なり。大聖偉人の悟道の終局も、結局は苦難を忍びうるのみであろう。

ある人先生に尋ねて曰く、世人は先生の主義を評してアキラメ主義なりというと、先生曰く、アキラメ主義とは、物の道理を明らめ、宇宙の大道を達観し、窮厄に悲しまず、貧困に苦しまず、泰然として天命に安んずる意なり、と。

先生は最も談話を好まれた。されど時として話の材料尽くることあり、すると先生は机上の書をひらきて読むこと二三行、客に面して曰く、ここにこんな話があります、と。かくして読んでは語り、読んでは談じて話の尽きることはなかった、と。

先生は、つねに自分の用事は自分自身に為して人に要求せられなかったから、人を叱られることがなかった。「求めず争わず、天下これより強勝なるものなし」の言を身を以って示されたものであろう。

先生曰く、信仰というものは自力執心をすて、無我の境に入ることであるから甚だ難事である、されど一度信を得た後に既住を顧みれば、如来の大悲に乗託するは罪悪のままなり、ただのただなり、天下これより易きはなきなり。故に蓮如上人は「かかるやすきことを今まで信じてたてまつらざることのあさましさよ」と仰せられたのであろう、と。

先生曰く、直接如来の手に触るることを得るものは如来のみなり。われらは仏になりたり上でなくては如来の御手に触れることはできない。故に凡夫たる我等が如来の存在を知らんと欲せば、これを外界に求めずして、むしろ如来の教えによって自己そのものを知ることが肝要である。

世人は狐や天狗を崇拝するものを指して迷信というが、これは左程笑うべきではない。笑っているもの自身も、金や物を崇拝したり、地位や名誉を崇拝しているではないか。他を笑う資格はない。

ある人、先生に教えを乞い、且つ自己の平生を述べて曰く。私は生れつき多病、神経も過敏、故に医師にすすめられて仏教に耳を傾け、心の安慰を求めてきたものであるが、未だ安心の域に達し得なかったところ、近頃「精神界」を読むに及んで胸中やや明快なるを覚ゆ。されどなお信念確立の境に到らず。若し「精神界」に説くが如く、すべてを如来に任せ奉らば、一身の衛生の如きはおろそかになるべし。また商業も等閑になりて妻子をして飢寒に泣かしむることも生ずべし。われここに大いに惑い、すべてを如来に任すことの危険を感ずと。先生曰く、衛生そもそも何ものぞ。衛生を守ると雖も何年の寿を保つことができるか。衛生を損じたるがために信念確立して、人生の大安慰を得ば、これに過ぎたる幸福はないではないか。如来の大命に任せて進む人ならば、健康と不健康とによって悲喜することはない。健康につけ不健康につけ、如来の大命に安んじて感謝の生活ができる筈である。これ真の幸福である。また商業何ものぞ。商業に失敗して妻子が餓えたるがために信念の確立が得られたならば、これに過ぎた幸福はないであろう。信念の確立を求めんとするならば、すべからく一心一向でなくてはならぬ。衛生を憂い、商業の前途を憂い、妻子の衣食を憂いつつ、傍ら信念の確立を求めて大安慰の境に至らんとするは、木によって魚を求むるの類なり。妻子は餓ゆとも、彼等は必らず別に生活の道をうべし。財産は破れ去るとも、君はまた衣食の道を得るであろう。若し自家の食糧尽きなば、よろしく他家に行きて食を乞うがよいと。問者曰く、われ若し破産せは第一に浩々洞に来りて食を乞うべしと。先生曰く、しかし予め覚悟しておかねばならぬことは、その時、私が食を与えるか与えぬかは私の勝手である。若し、私が食を与えぬと云ったならば、君は私をうらんではならない。

ある月夜の夕方、先生浩々洞の同人と共に梨を食べながら話されるには、一切の出来事は、みな如来の為さしめたもうところである。宇宙の活動は皆如来の仕事である。如来の仕事を盗んで自己の責任の如く感じて苦しむは、如来の威徳を知らぬものである、余は今日まで余の行動に対して何等責任を感ぜざるなり。すべては如来の為さしめと信じているからである。そこで如何なる難関に直面しても、また如何なる行動をとっても、決して自から苦悩することなく、むしろ如来の威神力を仰いで力強く生きて行くのみである。

如来を信ぜざるものは、激しく倒れたとき再び起き上ることがむつかしい。しかし、如来を信ずるものは、倒れたことも如来の指導と知るが故に、再び力強く起き上ることができる。また難関に直面したときも、如来を信ぜぬものは一歩も進めぬことになるが、如来を信ずるものは、難関も如来のおあたえと知るが故に、甘んじて乗り越えることができるのである。自分に能力があるように思うものは如来の威神力を信じないゆえに必らず行詰り、遂には進退きわまって自殺を敢てすることになる。これ即ち自力を信ずるものの憐れさと云わねばならぬ。

世の人、ややもすると我等の信仰を難じて曰く、何事を為すも如来の成さしめというならば、強盗、殺人、放火を為すとも、我に責任なく、すべては如来の為さしめとして平気で居ってよいものか、と。これ大なる誤りなり。かかる考えを抱くものは自家撞着である。なんとなれば、自力を捨てて如来をたのむとは、如来の前に無我となることであって、自から主動的に行動する立場ではないのである。ところが強盗・殺人・放火と言った行為は自我が主動的立場に於て行動しているのであるから全く正反対の立場にあることを知らねばならぬ。如来を信ずるものは、如来の前に我を無くするゆえ、おのづからに廃悪修善が為されて行くものである。

先生の亡くなる前年（明治三十五年）夏、長男の信一さんが亡くなり、その年の秋ヤス子夫人が亡くなられた。その頃、一夜、先生は侍者に向って「死んだ方がよいかな」と言われたそうである。

長男の信一さんは浩々洞で亡くなられた。恰度そのとき先生は中食をしておられた。「信一さんが亡くなられました」という門人の言葉に、「そうか」と一言答えて食事をつづけられた。

ヤス子夫人は、先生の看病の下で亡くなられたのであったが、亡くなる前日、先生に向って決死の言を吐き、「速かに浄土往生の素懐を遂げたい」と申された。その時、先生は夫人に向って「生死ともに凡夫の計るべきことではないから、ただ、ひとえに如来・大悲の導きにおまかせするほかはない」と懇示された。

先生が夫人の看病中、浩々洞同人に送られた手紙の中に「毎日大部分は病人の枕番と云う様なものに有之、熱・脈・呼吸の変化、医薬飲食受用の多寡、その他分秒の休みもなく病人の異動を観察致すほか余念これなく消光まかりあり候。人生のいわゆる迷信なるもの（特に医薬を排斥して神仏に現世利益を祈願するもの）の入るべき余地多々これあり候えども、重病の患者には、特に機会多きことを自覚致し候云々」とあることも注意すべきことであろう。

亡くなる一週間ばかり前の日記の中に「特に他人の行為少しく憍傲（きょうごう）なるものを我に対する大なる圧迫と感じ、憤懣（ふんまん）的苦悶に堪えず。而して之を客観妄と知ると雖も、その情的怏うつは容易に消却せず。終に前に記せる生活無趣味の感と合して殆んど厭世的思案に沈まんとす」と記されているが、その翌日絶筆「我信念」を書かれ、その中には「私が種々な刺戟や事情のために煩悶苦悩する場合、この信念が心に現われ来るときは、私は忽ちにして安楽と平穏とを得るようになる。その模様は何うかと云えば、この信念が現われ来るときは、その信念が心一ぱいになりて、他の妄念妄想の立場を失わしむることである。如何なる刺戟や事情が侵し来っても信念が現存して居るときには、その刺戟や事情がちっとも煩悶苦悩を惹起することを得ないのである」とハッキリ断言しておられる点、深く味うべきであろう。

亡くなる四日前、自から筆をとりて、佐藤信次氏にハガキを書かれた。その中に「久しく御無沙汰致しました。病はなおりましたか。今朝は珍らしく半合ほど喀血しました。安静のため床に仰臥しています。只今一声聞きまして（子規子をまねて仰臥のましるす）

血を吐きて病の床にほととぎす

亡くなる二日前、夜に入って大咯血があったので侍者原子氏が「先生、今度はどうしても死したもうべし。言い残すことなきや」と尋ねられると、先生は、ただ一言「何もない」と答えられたのみであった。

亡くなる前日、稲葉昌丸氏及び浩々洞から「急ぎ行く」と電報が来たので、そのことを先生に申上げると、先生はニッコリ笑われて「そうか、生きているうちには来られまい」と言われた。これが先生の此世に残された最後のおことばとなったのである。

あとがきに代えて

清沢先生について思う

大河内了悟

清沢先生は、真宗の現代的活現をされた第一人者である。教義、教団を新しく、而かも正しく生かさんとされた方である。古来から伝統されている、大経、観経、小経を尊信しながらも、更らに、歎異抄と阿含経とエピクテタスの教訓とを、我三部経とも云われて、真宗を広く世界的に味得して行かれた。

而して、深く真の宗教的教団は、いかにあるべきかが、先生の本能的に皮膚に感ぜられたことであった。

その学問、素質は、他にいかなる顕職にも向く方であったが、先生は宗門の庇護によって、学問を修めることが出来たという、宗門に対する恩義を、深く感ぜられていて、教界にとどまり、宗門改革運動に名乗りを上げられたのも、それに依って、恩義に報いようとされたのでもあろう。

これは、三百年の徳川封建体制が終って、明治の夜明けとならんとする時代の要求に応じてのものでもあった。

ところが、その宗門改革運動は直ちに成功しなかった。

その理由は、色々あるであろうが、根本的なことは、時期が到っていなかったのである。未だ新しき真宗の教学というものが、一般に理解されなかったということであろう。

宗門改革に身を托するということは、世間的な道をつくすという俗諦的実跡と出世間的な道を行ずるという真諦の宣揚とを、同時に期することである。そのことは、先生の晩年、真諦と俗諦との問題についての、究明をしていられることによっても、その発想の無理からぬことを知るのである。

しかし、この世に、歴史と時代を離れての生活者は居ないのである。先生の改革運動の不成功は、歴史の未熟であり、教学の未熟でもある。とも云えぬことはないが、僅か四十才で、将来のある若さで死去された先生の運命でもあった。されど教学確立の未熟があったとしても、内に発展し確立すべきものをもっていた。

昭和の大戦の敗北に、あの明治の夜明け、いよいよ明け果てつつあるという民主日本の新しき歩みが始められ出した。

内に深く将来の教学確立を蔵していた先生の信念、思想は、多くの弟子達によって、発展し、開顕されて来た。遠く、佐々木月樵先生、暁烏敏先生、多田鼎先生、等を始め、曾我量深、山田文昭、金子大栄、山辺習学、赤沼智善師等によって、漸次清沢教学は、拡充して行った。

曾我量深先生は、八十八才にして、今尚、元気に教学の宣揚にこれ暇なく、金子大栄先生もまた八十才を過ぎて、深くその蘊蓄（うんちく）を傾けて、教学の確立に余念がない。

安田理深氏、その他多くの今日の時代を背負った教学者の数々も、皆それである。松原祐善氏は、谷大で現に「清沢教学」の講座を担当しつゝある。内に蔵しつゝ、外に未熟であった清沢先生の信念は、これらの人達を噴火口として、真宗教団の歩みが、教学的に確立しつゝある。

人格的で、精神的であった清沢先生の出現が、今日の歴史に於いて、更らに教学的に、教団の新しき背骨とならんとしている。

今日、わが真宗に於いて、同朋会運動となりつつあるのは、遠く、清沢先生の発想に始まって、こゝに実現されつつあるのである。以て、先生の真宗に於ける位置が知らるるのである。

生誕一六〇年新装版　あとがき

本書は、一九六三年に清沢満之先生の生誕百年を記念して出版されたものを、若干用語の是正を行い、また旧字体を新字体に改めて、新装版として出版したものです。編者の大河内了悟先生、佐々木蓮麿先生のご家族への連絡は、畏友浅井仁麿氏（京都・真宗大谷派瑞蓮寺）が労を執ってくださり、それぞれ出版のご快諾をいただきました。

思えば、道を求め出した小生二十代の時に、この小冊子を師、蜂屋教正先生から初めていただきましたのが清沢先生との出遇いでした。爾来、苦しい胸の内から何とか光明を求めて、何度も何度もこの冊子を拝読して参りました。手軽で持ちやすく、いつでもどこでも求道の伴侶となってくださるこの小冊子に、清沢先生が命懸けで道を求められた体験から出てきた教えのエッセンスが詰まっているように思います。

そのようなことで、この書との出遇いによって、多くの求道者が光明を見出し救われていくに違いないと、いつかこの書の再刊を願うようになり、出版元の永田文昌堂社長、永田唯人氏に申し出ましたところ快く承諾をいただき、折しも清沢先生生誕一六〇年に当たる本年、刊行の運びとなりました次第です。ここに関係者各位のお世話になりました方々に、衷心から厚い感謝の思いを記したく存じます。

最後に、この書がさまざまな苦悩を抱えて生きる人々のお心に寄り添い、良き伴侶となりますことを深く念願する次第であります。

合掌

二〇二三年十一月　ニューヨーク・ヨンカーズ草庵にて

真宗大谷派（東本願寺）北米開教使　名　倉　幹

[著者紹介]

大河内 了悟（おおこうち　りょうご）

真宗大谷派無量寿寺住職（愛知県西尾市）、大谷大学・岡崎女子短期大学教授

1897年　愛知県西尾市生まれ
1925年　大谷大学研究科卒業
1976年　逝去

著書に「仰せに聞く」「親鸞に導かれて」「生きてよし死してよし」「悪人正機」等

佐々木 蓮麿（ささき　はすまろ）

真宗大谷派善法寺住職（大分県臼杵市）、大分県仏教会会長

1896年　滋賀県生まれ
1921年　大谷大学卒業
1978年　逝去

著書に「仏の愛の庭」「真実は輝く」「信心清話」「私の法話集」等

[校訂者紹介]

名 倉　幹（なくら　みき）

1962年　京都市生まれ
1987年　神戸大学経営学部卒業、住友銀行入行
2006年　真宗大谷派（東本願寺）にて得度
2012年　ニューヨークに渡り、真宗大谷派北米開教使として現在に至る

生誕一六〇年新装版
清沢満之先生のことば ―生誕百年記念出版―

一九六三年三月十五日　初版第一刷発行
一九九一年八月二十日　第二十刷発行
二〇二三年十一月二十日　新装版第一刷発行

著者　大河内了悟
　　　佐々木蓮麿
校訂者　名倉幹
発行者　永田唯人
印刷所　㈱図書印刷同朋舎
発行所　永田文昌堂
600-8342 京都市下京区花屋町通西洞院西入
電話（〇七五）三七一―六六五一番
FAX（〇七五）三五一―九〇三一番

ISBN978-4-8162-6263-0 C1015